U0055895

^{Premium}
NUDE POSEBOOK

典藏裸體姿勢集

模 特 兒｜美谷朱里

攝 影｜田村浩章

譯｜何姍儀

CONTENTS

MODEL

美 谷 朱 里

Mitani Akari

身高：166cm

三圍：B 85cm / W 62cm / H 96cm

前 言

　　女性的胴體真是千嬌百媚、娉婷婀娜！長久以來一直被知名藝術家作為作品題材的女性肉體，根本就是激發無限想像的美麗與創造泉源。手正拿著這本姿勢集的你，不也是被女性胴體的美所吸引的其中一個畫家嗎？

　　本書收錄了裸體模特兒盡其所能所擺出的各種姿勢，並從不同的角度來拍攝，好讓讀者在尋找人物素描資料時能大大地派上用場。除了站、坐、躺等人物畫的基本姿勢，書中亦收錄了不少性感動作，讓女性獨有的柔和豐腴曲線一覽無遺。此外，本書還採用了大開本來進行照片排版，讓大家在將其當作素描資料利用時，可以更加容易觀察模特兒的姿勢變化。

　　不論是擅長裸體素描的中高階繪者，還是初次挑戰人物畫的新手，一定都能從本書中找到想要提筆試畫的動作。那麼，大家趕緊打開素描本，試著把喜歡的姿勢畫下來吧！

Chapter
01
Standing
Pose

人體素描的基本動作——站姿。
讓我們一邊留意身體軀幹方向及重心位置，
一邊試著加以描繪吧。

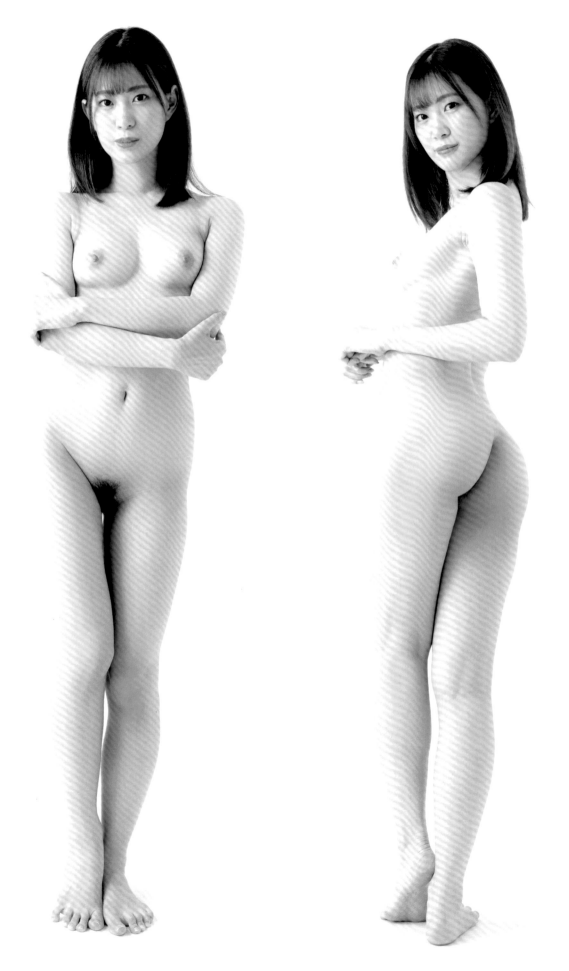

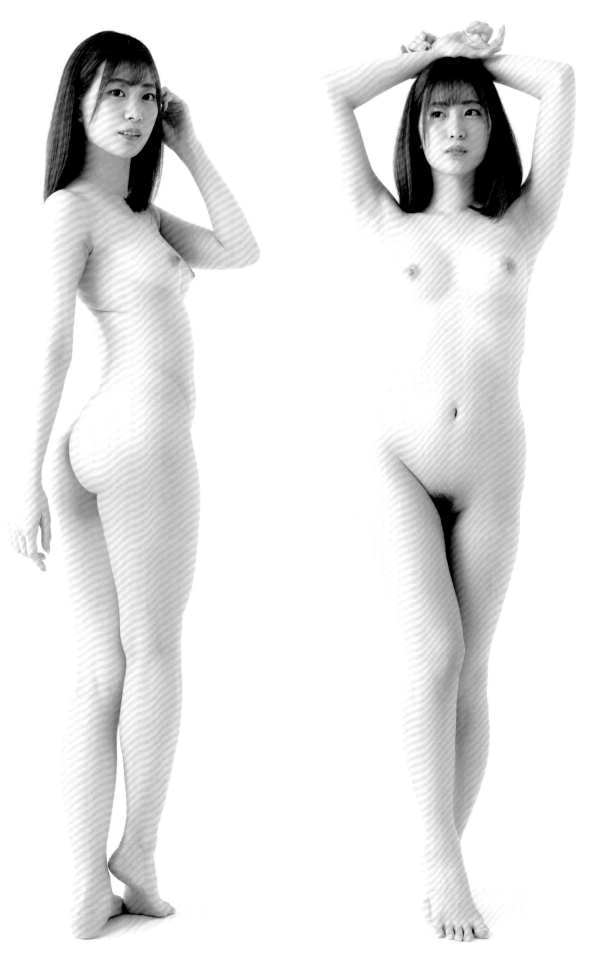

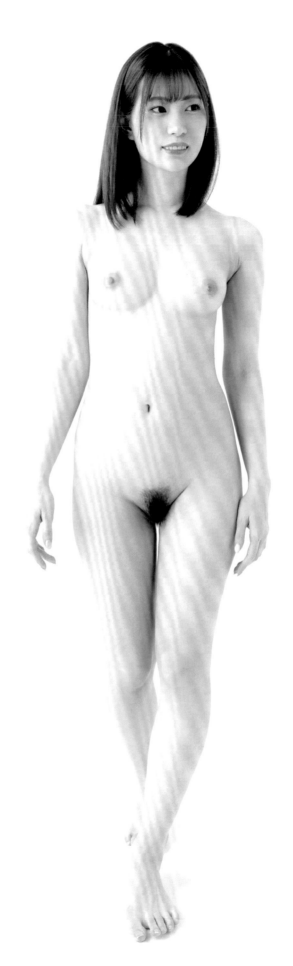

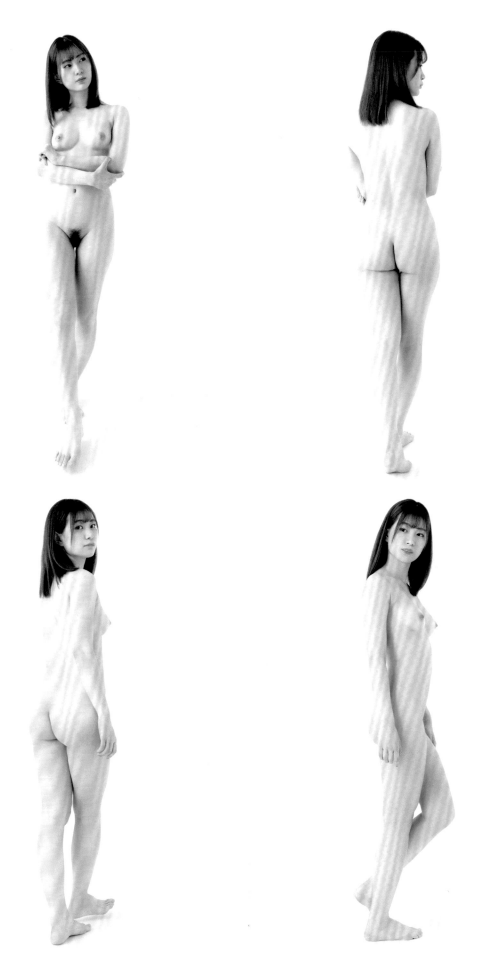

Chapter
02
Kneeling
&
Sitting
Pose

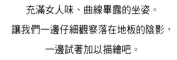

充滿女人味、曲線畢露的坐姿。
讓我們一邊仔細觀察落在地板的陰影，
一邊試著加以描繪吧。

21

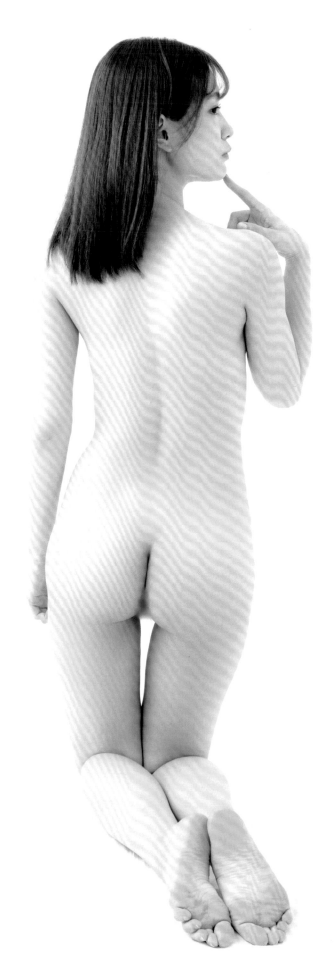

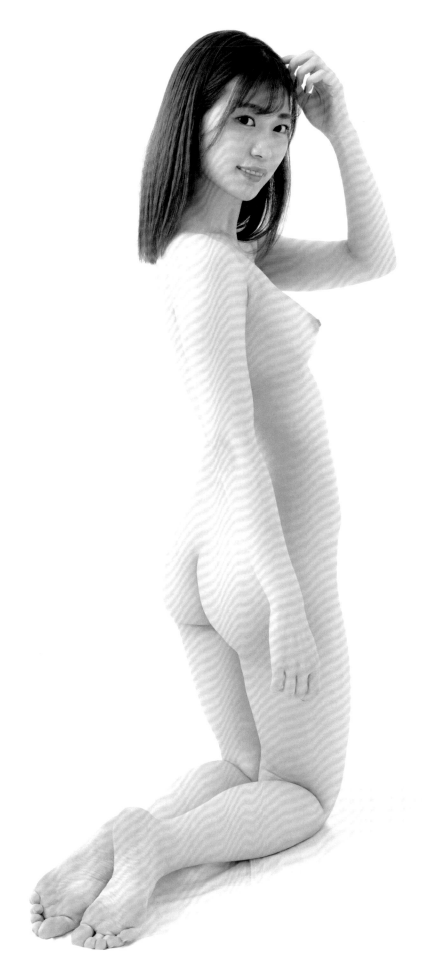

Chapter

03

Lying
Pose

躺下時重力平衡會產生變化，
臉型、乳房與臀部的形狀也會產生不同變化。

Premium
NUDE
POSE
BOOK

51

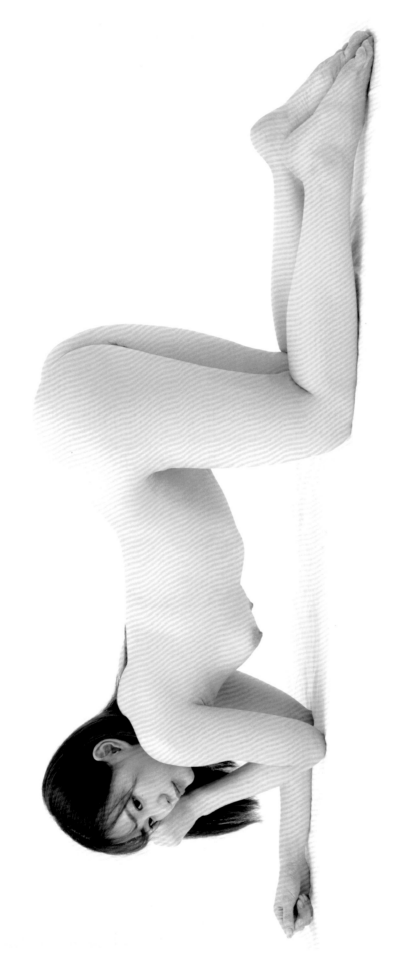

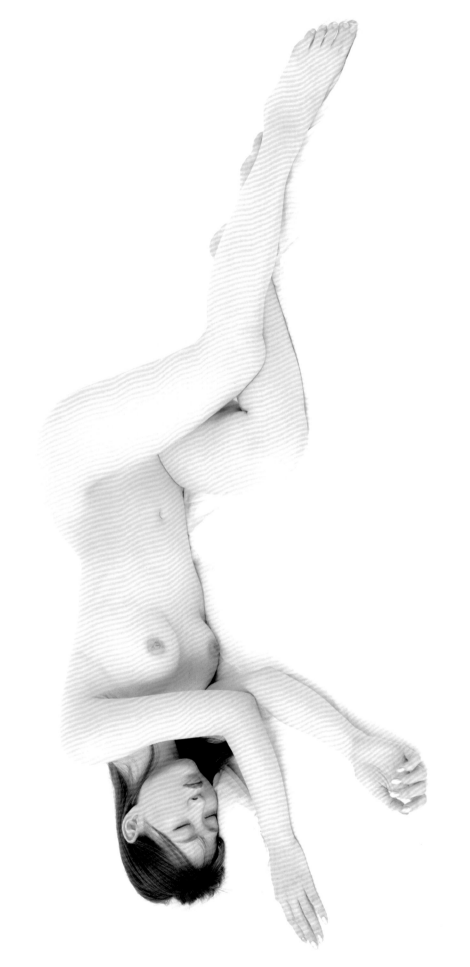

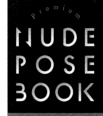

Chapter
04

with Chair & Sofa

將高度及造型各異的椅子當作道具，
將身體靠上去與其互動，
擺出千變萬化的撩人姿勢。

Chapter
05
Nurse
Costume

看起來有點性感的護士服，
搭配上口罩和眼罩，
展現出嬌羞可愛的氣息。

Premium
NUDE
POSE
BOOK

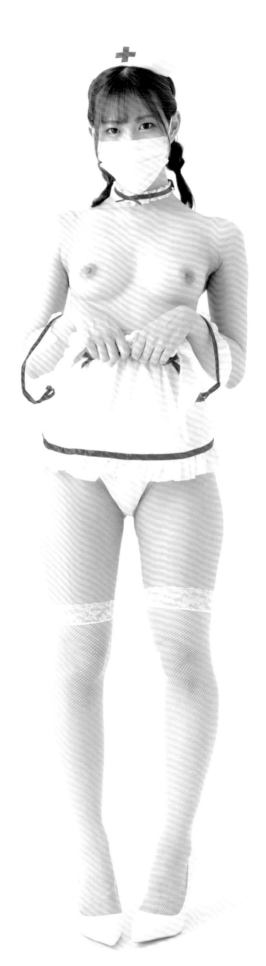

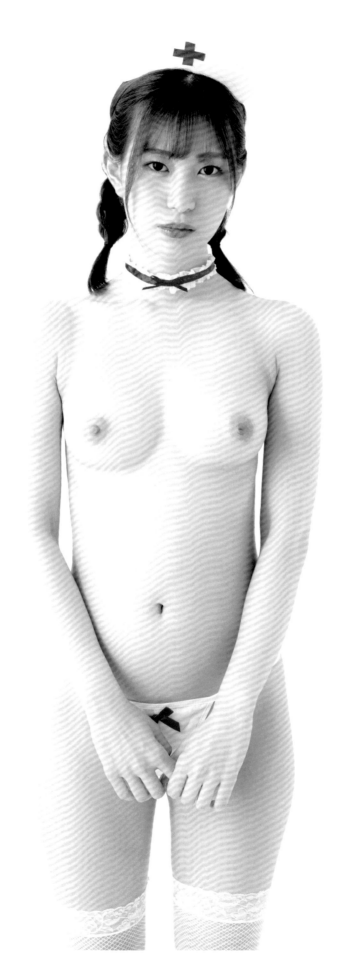

Chapter

06

Erotic Pose

集結了各種令人屏息的性感姿勢，
就讓如同伴隨愛人般的親密情意驅使畫筆在紙上飛舞吧。

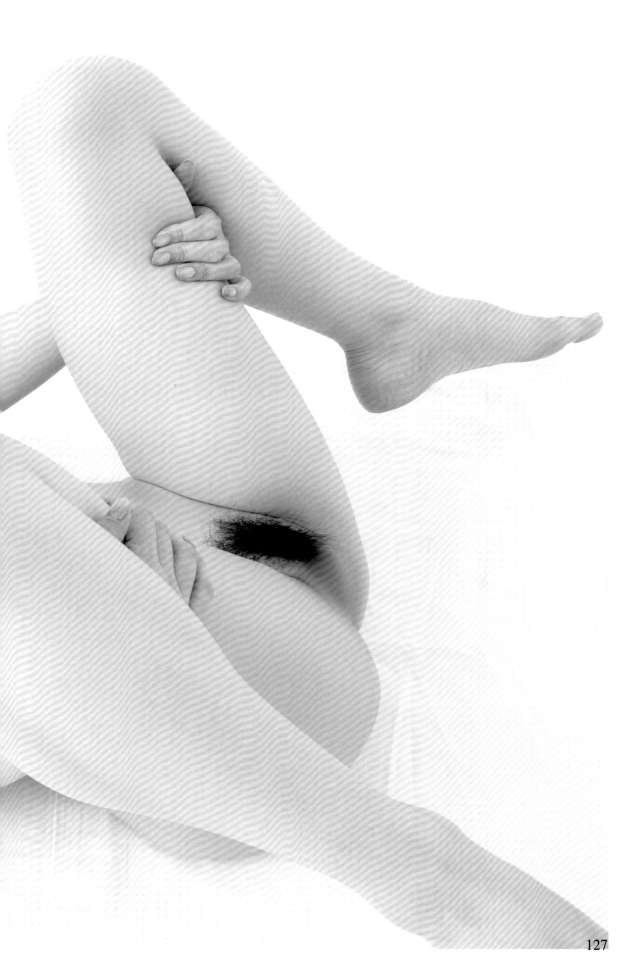

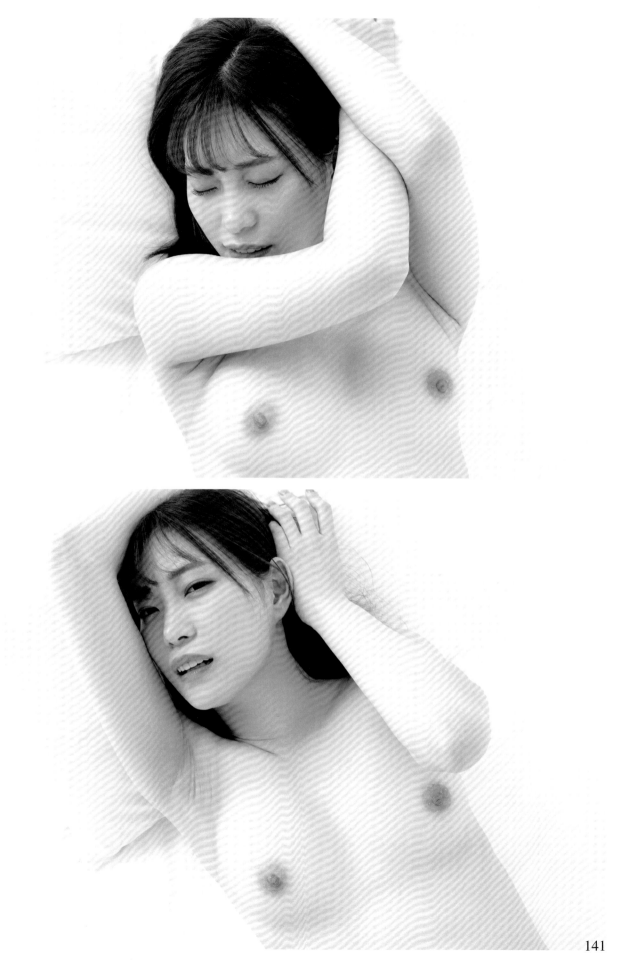

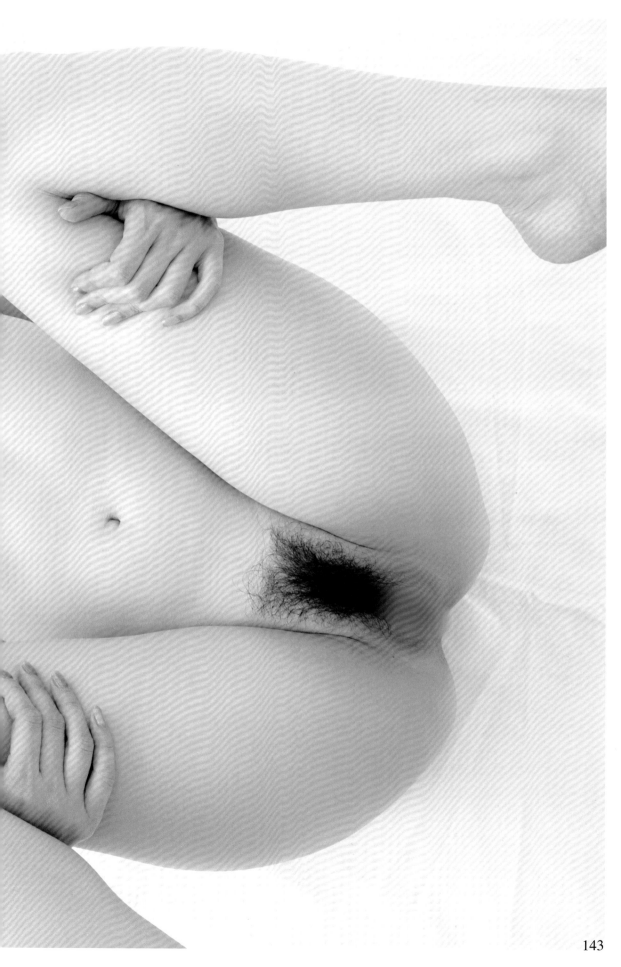

我的第一本姿勢集
大家覺得如何呢？
這麼多漂亮的照片
是在和氣融融的環境之下
拍攝完成的，
大家一定要多翻閱 ♡♡
今後也要
多加支持我喔 ♡！

美谷朱里

日文版 STAFF

妝髮＆造型：KAORI
封面／內文設計／加工：合同会社 MSK
模特兒經紀公司：CruseGroup
小道具協助：AWABEES

典藏裸體姿勢集 美谷朱里

2022 年 8 月 15 日初版第一刷發行
2023 年 9 月 15 日初版第二刷發行

攝　　　影　田村浩章
譯　　　者　何姵儀
主　　　編　陳其衍
發 行 人　若森稔雄
發 行 所　台灣東販股份有限公司
　　　　　　＜地址＞台北市南京東路 4 段 130 號 2F-1
　　　　　　＜電話＞(02)2577-8878
　　　　　　＜傳真＞(02)2577-8896
　　　　　　＜網址＞http://www.tohan.com.tw
郵撥帳號　1405049-4
法律顧問　蕭雄淋律師
總 經 銷　聯合發行股份有限公司
　　　　　　＜電話＞(02)2917-8022

TOHAN

PREMIUM NUDE POSE BOOK MITANI AKARI
© HIROAKI TAMURA 2021
Originally published in Japan in 2021 by
GOT Corporation,TOKYO.
Traditional Chinese translation rights arranged with
GOT Corporation ,TOKYO,
through TOHAN CORPORATION, TOKYO.

國家圖書館出版品預行編目 (CIP) 資料

典藏裸體姿勢集 美谷朱里／田村浩章攝影；何姵儀譯.
-- 初版. -- 臺北市：臺灣東販, 2022.08
144 面；18.2×25.7 公分
ISBN 978-626-329-352-6（平裝）

1.CST：人體畫 2.CST：裸體 3.CST：繪畫技法

947.23　　　　　　　　　　　　　　　111010049